BEI GRIN MACHT SICH IHR WISSEN BEZAHLT

AF167237

- Wir veröffentlichen Ihre Hausarbeit,
  Bachelor- und Masterarbeit

- Ihr eigenes eBook und Buch -
  weltweit in allen wichtigen Shops

- Verdienen Sie an jedem Verkauf

Jetzt bei www.GRIN.com hochladen
und kostenlos publizieren

Bibliografische Information der Deutschen Nationalbibliothek:

Die Deutsche Bibliothek verzeichnet diese Publikation in der Deutschen National-
bibliografie; detaillierte bibliografische Daten sind im Internet über http://dnb.d-
nb.de/ abrufbar.

Impressum:

Copyright © 2019 GRIN Verlag
Druck und Bindung: Books on Demand GmbH, Norderstedt Germany
ISBN: 9783346067951

Dieses Buch bei GRIN:

https://www.grin.com/document/505920

Jannis Schwierz

Trainingsplanung. Fitnesstraining zur Schmerzreduktion, Kraftsteigerung und Senkung des Ruhepulses

GRIN Verlag

GRIN - Your knowledge has value

Der GRIN Verlag publiziert seit 1998 wissenschaftliche Arbeiten von Studenten, Hochschullehrern und anderen Akademikern als eBook und gedrucktes Buch. Die Verlagswebsite www.grin.com ist die ideale Plattform zur Veröffentlichung von Hausarbeiten, Abschlussarbeiten, wissenschaftlichen Aufsätzen, Dissertationen und Fachbüchern.

Besuchen Sie uns im Internet:

http://www.grin.com/

http://www.facebook.com/grincom

http://www.twitter.com/grin_com

Deutsche Hochschule für
Prävention und Gesundheitsmanagement
Hermann Neuberger Sportschule 3
66123 Saarbrücken

Einsendeaufgabe

Fachmodul: Trainingslehre I

Studiengang: Bachelor of Arts Sportökonomie

Datum
Präsenzphase: 28.01.2019-31.01.2019

Name, Vorname: Schwierz, Jannis

Studienort: **Stuttgart**

Semester: **SS 18**

Inhaltsverzeichnis

1 Diagnose

1.1 Allgemeine und biometrische Daten

Tab. 1: Allgemeine und biometrische Daten zur Zielperson (eigene Darstellung)

Alter	45
Geschlecht	Männlich
Körpergröße	182 cm
Körpergewicht	78 kg
Trainingsmotive	Muskelaufbau, Schmerzbeseitigung im Bereich des Trapezmuskels und den Rhomboiden, Kraftsteigerung, Ruhepuls etwas senken
Berufliche Tätigkeit	Büroangestellter
Aktuelle und frühere sportliche Aktivitäten	Fitnesssport unregelmäßig seit 2 Jahren, davor wöchentlich 1,5h hobbymäßiges Fußballspielen pro Woche
Zeitlicher Verfügungsrahmen	2 bis max. 3x/Woche á 1,5h
Blutdruck	131/83 mmHg
Allgemeiner Gesundheitszustand	Vermutlich beruflich bedingte Schmerzen und Verspannungen im oberen Rückenbereich (s.o.), Ruhepuls etwas zu hoch (83 Schläge/min)

Die Zielperson ist männlich und 45 Jahre alt. Aus der Körpergröße von 182cm und einem Körpergewicht von 78kg ergibt sich ein BMI von 23,5, also im Bereich des Normalgewichts (vgl. WHO Body Mass Index). Dementsprechend zählt die Reduzierung des Körperfettanteils nicht zu den Motiven der Zielperson. Die Zielperson möchte primär ihre Schmerzen im Bereich des Trapezmuskels und der Rhomboiden vermindern, die wahrscheinlich durch die vorwiegend sitzende und vorgebeugte Haltung im Berufsalltag verursacht werden. Zusätzlich möchte die Zielperson Muskelmasse aufbauen und die eigene Kraft steigern. Der Büroangestellte ernährt sich ausgewogen, macht seit zwei Jahren unregelmäßiges Ganzkörpertraining, ohne sich allerdings an eine Methode oder gezielte Struktur zu halten. Bisher lagen längere Pausen von bis zu zwei Wochen zwischen den einzelnen Trainingseinheiten, in „guten Phasen" hat er 1-2x pro Woche trainiert, allerdings kaum sicht- oder spürbare Erfolge erzielen können. Davor hat er hobbymäßig mit Kollegen freitagabends 1,5h Fußball gespielt, das ganze über 4 Jahre. Somit ist die Zielperson erfahren im Sportbereich, gerade durch die Unregelmäßigkeit und Strukturlosigkeit konnte sie aber keines der Ziele bisher erreichen. Der Blutdruck liegt bei 131/83. Normwert für den Blutdruck ist 120-140/60-90 mmHg (Whelton et al. 2018). Somit liegt der Blutdruck der Person im normalen bis hochnormalen Bereich. Der Ruhepuls der Zielperson liegt bei 83 Schlägen/Minute, ist also zu hoch. Dementsprechend will die Person durch Fitnesstraining den Ruhepuls senken. Abgesehen von den oben genannten Beschwerden im oberen Rückenbereich ist die Zielperson gesundheitlich nicht eingeschränkt und voll belastbar.

1.2 Krafttestung

Um das Gewicht für den Trainingsplan zu wählen, wird mit der Zielperson ein XRM-Test durchgeführt. Da sich die Zielperson später im Training im Mehrwiederholungsbereich befinden wird und nicht im Bereich von 1-3 Wiederholungen, empfiehlt sich hier eindeutig der XRM-Test. Abgesehen davon hat die Zielperson zwar schon Krafttraining gemacht, allerdings sehr unregelmäßig, weshalb keine Leistungssteigerung festzustellen war. Daher wäre bei einem 1RM-Test die Belastung und Verletzungsgefahr zu hoch.

Für den Test wird eine Wiederholungsanzahl von 15 bestimmt. Zunächst wärmt sich der Proband 10 Minuten auf dem Laufband auf, um sein Herz-Kreislauf-System in Schwung zu bringen.

In jedem Satz sollen 15 Wiederholungen mit korrekter Ausführung und Körperhaltung gemacht werden. Das Gewicht wird anhand des Belastungsempfindens der Zielperson mit jedem Satz gesteigert. Vor jeder Übung führt die Person ein muskelgruppenspezifisches Aufwärmen durch, zielt also ein kurzes Warm-Up auf die danach beanspruchte Muskulatur ab. Das Gewicht für den ersten Satz der ersten Übung ist nicht vorgegeben, sondern wird von Trainer und Zielperson subjektiv festgelegt. Der erste Satz wird mit subjektiv bewertet wenig Gewicht gemacht. Wenn die 15 Wiederholungen ohne Probleme gemacht sind, pausiert die Zielperson 3 Minuten, bevor das Gewicht um 5% bis 25% gesteigert wird, abhängig vom Belastungsempfinden der Zielperson. Im zweiten Satz werden wiederum 15 Wiederholungen gemacht und das Gewicht wird darauffolgend immer weiter gesteigert, bis es die Zielperson nicht mehr schafft, die Intensität zu bewältigen. Werden in einem Satz die 15 Wiederholungen nicht korrekt durchgeführt, wird nach einer Pause ein weiterer Satz mit etwas weniger Gewicht durchgeführt, um schlussendlich ein konkretes Gewicht für den Probanden zu ermitteln. Dieses Verfahren wird für alle Übungen angewendet, die in der Kraftmessung enthalten sind (vgl. Zimmer, 1999, S. 45-47). Die ausgewählten Übungen dienen grob als Vorlage für die Übungen, die auch später im Trainingsplan der Zielperson enthalten sein werden. Somit wird der Zielperson der Einstieg ins Training erleichtert und die Intensität ist bereits festgelegt.

Tab. 2: Daten und Ergebnisse des 15RM-Tests der Zielperson (eigene Darstellung)

Übung	Wiederholungs-anzahl	Gewicht Satz 1	Gewicht Satz 2	Gewicht Satz 3	Ergebnis
Bankdrücken frei	15	45kg	50kg	-	50kg
Lat-Zug am Kabel	15	35kg	36,75kg	38,5kg	38,5kg
Rudern am Kabel	15	27,5kg	33kg	-	33kg
Beinpresse 45°	15	90kg	105kg	110,25kg	110,25kg
Beinstrecker am Gerät	15	50kg	65kg	75kg	75kg
Crunchmaschine	15	10kg	15kg	-	15kg
Hyperextensionsbank	15	2,5kg	3,25kg	-	3,25kg

Aus dem 10RM-Test wurde die Intensität ermittelt, anhand der in der späteren Trainingsplanung die Gewichte festgelegt werden. Dabei ist zu beachten, dass vor Beginn jedes neuen Mesozyklus erneut eine Krafttestung erforderlich ist, um die Intensität zu bestimmen. Die Zielperson sollte für die „angestrebten, vorwiegend anaeroben Anpassungen" mit mindestens 50% der Maximalkraft trainieren (vgl. (Guellich und Schmidtbleicher 1999). In den Tests wurde sichtbar, dass die Zielperson bereits Krafttraining betrieben hatte, da die Intensität subjektiv eingeschätzt meist über dem Level eines totalen Einsteigers liegt. Wichtig ist, dass die Intensität und damit die Belastung während des Trainings progressiv gesteigert wird, um durchgehend einen trainingswirksamen Reiz zu erzielen und die Funktionsreserve zu erhöhen und auszunutzen. Somit wird die Testperson mit der Zeit spür- und sichtbare Erfolge erzielen können und die Motivation weiter steigern. Schon während eines Mesozyklus wird die Zielperson die Intensität steigern können, was neben dem Muskelzuwachs auch die Kraftzunahme mit sich bringt, also ein weiteres Ziel der Zielperson.

2 Zielsetzung/Prognose

Tab. 3: Zielsetzung der Zielperson (eigene Darstellung)

Inhalt	Ausmaß	Zeit
Schmerzreduktion	1-2 Punkte auf der Borgskala	6 Monate
Kraftsteigerung	15%	12 Wochen
Ruhepuls senken	8 Schläge/Minute	4 Monate

Die Zielperson hat unter anderem die drei oben genannten Ziele durch Fitnesstraining. Primäres Ziel ist eindeutig die Schmerzreduktion im Bereich des Trapezmuskels und den Rhomboiden. Die Schmerzen begleiten die Zielperson täglich im Berufsalltag und müssen daher schnellstmöglich gemindert oder beseitigt werden, da diese sich nicht von alleine lösen werden. Durch die Fehlhaltung im Beruf und evtl. auch in der Freizeit ist die Gefahr gegeben, dass die Zielperson sich bleibende Schäden oder Fehlhaltungen zuzieht, die den Alltag nur noch schwieriger und schmerzhafter machen könnten. Dementsprechend ist das Ziel, auf der Borgskala um mindestens 1-2 Punkte in sechs Monaten nach unten zu kommen. Die Borgskala besteht aus Werten von Anstrengungs- und Schmerzempfindlichkeit bei Menschen. Die Werte starten bei 6 (nicht spürbarer Schmerz/Anstrengung) und gehen hoch bis 20 (unerträgliche Schmerzen/Anstrengung). Durch gezieltes Muskeltraining kann das Anstrengungs- und Schmerzempfinden gesenkt werden (vgl. Gunnar Borg 2004).

Borg-Skala Anstrengungsempfinden

6	
7	Sehr sehr leicht
8	Sehr leicht
9	
10	Leicht
11	
12	Etwas anstrengend
13	
14	Anstrengend
15	
16	Sehr schwer
17	Sehr sehr Schwer
18	
19	Zu schwer – geht nicht mehr
20	

Abb. 1: Borg-Skala – Standards der Sportmedizin (Löllgen, DZSM 2004/11, S. 299-300)

Da Schmerz allerdings ein subjektives Empfinden der Zielperson ist, gibt es keine Garantie für eine Verminderung des Schmerzempfindens. Dennoch ist es zu empfehlen, die Muskeln zu trainieren, da ein trainierter Muskel ein geschmeidiger, beweglicher und dennoch gestärkter Muskel ist und nicht „verhärtet". Daher ist es primäres Ziel für den Probanden, die Muskulatur gezielt zu trainieren, an der sich der Schmerz befindet, in seinem Fall die bereits genannte Muskulatur im oberen Bereich des Rückens.

Neben der Reduktion der Schmerzen ist die Kraftsteigerung ein weiteres Motiv der Zielperson. Wesentliche Parameter sind hier einmal die körperliche Leistungsfähigkeit, die Körperhaltung und damit einhergehend das Wohlbefinden im Alltag. Die Zielperson hat zwar schon zwei Jahre lang Krafttraining gemacht, dabei allerdings aufgrund der Unregelmäßigkeit kaum festzustellende Fortschritte in der Leistungssteigerung verbuchen können. Gerade im Rumpf- und Rückenbereich müssen Muskeln und Kraft aufgebaut werden, da hier im Berufsalltag durch langes Sitzen und eine nach vorne gebeugte Haltung hohe Belastungen herrschen. Die Körperhaltung wird durch das Krafttraining nach und nach verbessert, da die Zielperson Stabilität im Rumpf erzielt und bspw. durch gezieltes Training des hinteren Schultermuskels eine aufrechtere Haltung während des Sitzens bekommt und vor dem Schreibtisch nicht mit den Schultern nach vorne abfällt. Hierdurch verbessert sich wiederum das Wohlbefinden der Zielperson. Die Kraft soll in 12 Wochen um rund 15% gesteigert werden.

Ein drittes Ziel der Zielperson ist das Senken ihres Ruhepulses. Dieser ist durch vermutlich beruflich bedingten Stress auf 83 Schläge pro Minute angestiegen, befindet sich also leicht über dem Normwert von 60-80 Schlägen pro Minute. Durch regelmäßiges Kraft- und Ausdauertraining wird der Ruhepuls kontinuierlich gesenkt (vgl. Quan et al.

2014) und soll in einem Zeitfenster von 4 Monaten um 8 Schläge pro Minute gesenkt werden.

3 Trainingsplanung Makrozyklus

Tab. 4: Trainingsplanung Makrozyklus für die Zielperson, aufgeteilt in 4 Mesozyklen (eigene Darstellung)

	Mesozyklus 1	Mesozyklus 2	Mesozyklus 3	Mesozyklus 4
Zyklusdauer	8 Wochen	6 Wochen	4 Wochen	6 Wochen
Trainingsziel	Kraftausdauer	Hypertrophie	Maximalkraft extensiv	Hypertrophie
Einheiten/Woche	2	2	2-3	2-3
Organisationsform	Ganzkörper	Ganzkörper	2er Split + evtl. Ganzkörper	Ganzkörper
Anzahl Übungen/ Muskelgruppe	1-2	1-3	1-2	1-3
Sätze/Übung	3	3	2-3	3
Satzpausen	30-60s	60-90s	90-180s	60-90s
Wiederholungen	20	12	6	12
Intensität (in % des 15RM-Tests)	65-70%	70-75%	85-90%	75-80%
Bewegungstempo (Time under tension)	80s (2-0-2)	48s (2-0-2)	12s (1-0-1)	48s (2-0-2)

Der Makrozyklus für die Zielperson geht über 6 Monate und ist eingeteilt in 4 Mesozyklen. Ein signifikanter Muskelzuwachs ist bereits bei einer Trainingseinheit pro Woche zu vermerken, bei 2-3 Einheiten jedoch ein deutlich größerer Zuwachs an Muskulatur (vgl. Wirth und Schmidtbleicher 2007). Außerdem ist zu beachten, dass die Intensität der Belastung, also das Gewicht, linear ansteigt, „während das Belastungsvolumen kontinuierlich abnimmt (Fröhlich et al. 2009).

3.1 Wahl der übergeordneten Trainingsmethoden

Die Zielperson beginnt mit Kraftausdauertraining, um Grundlagen für die darauf aufbauenden folgenden Trainingsmethoden herzustellen. Hier wird mit 20 Wiederholungen und insgesamt 80s time under tension (TUT) pro Satz trainiert. In dieser Phase sollen Adaptationen des Herzens, Blutes und des Gefäßsystems ausgelöst werden. Gerade die Adaptationen im Gefäßsystem wie Kapillarisierung, Kapillarneubildung sowie eine erhöhte Laktatbildung bilden elementare Grundlagen für die Trainingsplanung. Abgesehen davon erlangt der Körper der Zielperson eine fortlaufend schnellere Regeneration nach dem Trainingsreiz im Sinne der Superkompensation.

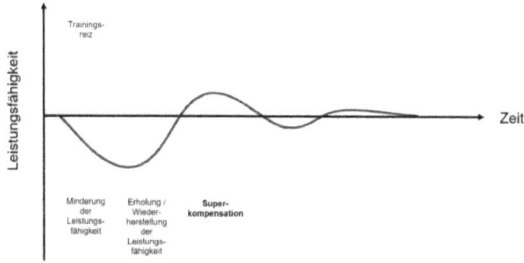

Abb. 2: Superkompensation, Darstellung der Akademie für Sport und Gesundheit

Im zweiten Mesozyklus folgt ein sechswöchiges Hypertrophietraining, was der Querschnittszunahme von Muskelfasern beider Typen I und II dient. Hierfür wurde im vorherigen Mesozyklus die nötige Kraftausdauer trainiert. In dieser Phase muss die Ernährung so umgestellt und verändert werden, dass ein Kalorienüberschuss erzielt wird. Durch das Hypertrophietraining erlangt die Zielperson schnelle und sichtbare Erfolge, was sowohl trainingsspezifische und gesundheitliche, als auch motivationale Vorteile für die Zielperson mit sich bringt.

Darauf folgt im dritten Mesozyklus ein extensives Maximalkrafttraining, um die Kraft der Zielperson gezielt zu steigern, also eines der primären Ziele zu erreichen. In zwei bis drei Einheiten wöchentlich wird mit sechs Wiederholungen trainiert, bei einer hohen Intensität von 85-90% des vor dem aktuellen Mesozyklus durchgeführten 15RM-Test.

Um die Belastung für die Zielperson zu steuern und Übertraining zu vermeiden, wurde einerseits auf ein HIT-Training verzichtet (der Trainingszustand und das Leistungsvermögen der Zielperson sind zu diesem Zeitpunkt noch nicht ausreichend, Risiko einer zu hohen Belastung wäre zu hoch) und andererseits ein 2er Split eingeführt.

Im vierten Mesozyklus trainiert die Zielperson wiederum Hypertrophie, um weiterhin Kraft und Muskulatur aufzubauen und das Risiko für Schmerzen dementsprechend zu senken. Es wurde im Voraus ein erneuter 15RM-Test durchgeführt und die Intensität dem aktuellen Leistungsstand der Zielperson angepasst, die in dieser Phase mit 75-80% der maximalen Intensität des 15RM-Tests trainiert.

Innerhalb jedes der vier Mesozyklen wird die Intensität kontinuierlich gesteigert, um weiterhin einen trainingswirksamen Reiz zu erzielen. Im 10- oder 14-Tage-Rhythmus sollte daher das Gewicht um einen angepassten Prozentsatz erhöht werden.

3.2 Begründung der Belastungsparameter

Aufgrund ihres Berufsalltags ist die Zielperson zeitlich eingeschränkt, in der Regel kann sie zwei Mal pro Woche trainieren. Dieser zeitliche Rahmen wird ausgenutzt, da, wie oben bereits erläutert, Wirth und Schmidtbleicher (2007) zufolge bei zwei bis drei Trainingseinheiten pro Woche deutliche Fortschritte bei Muskel- und Kraftzuwachs zu erzielen sind. Außerdem ist bei dieser zeitlichen Abfolge genug Zeit für die Regeneration der Muskelgruppen gegeben.

Um einer eventuellen Überbelastung oder Erschöpfung der Muskeln vorzubeugen, werden durchgehend eine bis höchstens drei Übungen pro Muskelgruppe durchgeführt. Die Zielperson ist weder Leistungssportler noch äußerst erfahren im Krafttraining und sollte somit nicht übermäßig belastet werden.

Die Zielperson trainiert durchgehend mit drei Sätzen pro Übung, mit Ausnahme des Maximalkraft-Zyklus´, wo aufgrund der Belastungskomponente auch teilweise mit nur zwei Sätzen trainiert wird. Hintergrund der Mehrsatzmethode ist die Kraftentwicklung, die beim Mehrsatztraining effektiver funktioniert als bei anderen Satzmethoden (vgl. Sooneste et al. 2013). Außerdem ist in Hinblick auf das Maximalkrafttraining eine höhere Steigerung durch 3-Satz-Training zu erwarten (vgl. Dissertation Hartmut Humburg, 2005, S. 118).

Die Intensität bezieht sich jeweils auf einen vor dem Mesozyklus durchgeführten 15RM-Test. Zunächst muss die Intensität im Krafttraining mindestens 50% der Maximalkraft betragen, um grundsätzlich einen trainingswirksamen Reiz und somit Effekte bezüglich der Hypertrophie auftreten (vgl. Guellich und Schmidtbleicher 1999). Dem gegenüber steht ein Training mit maximaler Intensität bis zum Muskelversagen. Hierbei konnte allerdings in zahlreichen Studien festgestellt werden, dass die kardiovaskulären Belastungen bei Training mit maximaler Intensität steigen und es zu einem Anstieg des systolischen Blutdrucks, einem Herzfrequenzanstieg sowie einem Laktatanstieg kommen kann (vgl. Buskies 1999). Gerade ein Anstieg der Herzfrequenz, die bei der Zielperson ohnehin schon zu hoch ist, wäre äußerst kontraproduktiv im Hinblick auf die Zielsetzung und den Gesundheitszustand der Zielperson. Buskies empfiehlt für den Breitensport ein „submaximales, eher sanftes Krafttraining". Daraus ergibt sich eine Belastungsintensität von 60-80% der maximalen Intensität. Hieraus resultieren die im Makrozyklus enthaltenen Trainingsintensitäten.

3.3 Begründung der Organisationsform

Die Zielperson trainiert in drei der vier Zyklen mit reinem Ganzkörpertraining. Hauptgrund hierfür ist der zeitliche Verfügungsrahmen. Da die Zielperson höchstens drei, meistens aber nur zwei Mal wöchentlich trainiert, ergäbe ein Split beim Kraftausdauer- sowie Hypertrophietraining keinen Sinn. Die Dauer zwischen den Belastungsreizen auf die einzelnen Muskelgruppen wäre in Anbetracht der Superkompensationskurve viel zu lang. Die Reize würden zu selten gesetzt und kein Trainingseffekt könnte erzielt werden, da die Funktionsreserve weder genutzt noch erhöht werden würde. Im dritten Mesozyklus wird beim Maximalkrafttraining eine Kombination von Split und Ganzkörpertraining angewendet. Kommt die Zielperson drei Mal pro Woche trainieren, führt sie an zwei Tagen ein Splittraining aus und macht am dritten Tag ein Ganzkörpertraining mit geringerer Intensität. Für eine Person mit den Voraussetzungen der Zielperson wäre die Belastung bei einem reinen Ganzkörpertraining mit einer Intensität von 85-90% zu hoch, das Risiko einer Erschöpfung würde dementsprechend steigen.

3.4 Begründung der Periodisierung

Der gesamte Makrozyklus erstreckt sich über sechs Monate. In dieser Blockperiode konnten Vorteile und höhere Effektivität in Bezug auf das Krafttraining nachgewiesen werden (vgl. Hartmann et al. 2008). Um kontinuierlich auf das Erreichen der Ziele hinarbeiten zu können, wird mit einem achtwöchigen Zyklus mit Kraftausdauertraining begonnen. Hier werden, wie oben erläutert, die Grundlagen geschaffen, um darauf aufbauen weiter zu trainieren. In den ersten acht Wochen sollen vor allem die Schmerzen der Zielperson gemindert und der zu hohe Ruhepuls gesenkt werden. Die Intensität wird im Verlauf des Zyklus' gesteigert, bevor dann im zweiten Zyklus eine neue Trainingsmethodik mit weniger Wiederholungen, dafür höherer Intensität verfolgt wird. In einem sechswöchigen Hypertrophietraining soll Muskulatur aufgebaut, also die Muskelfaserstruktur verdickt werden.

Da zu diesem Zeitpunkt nach 14 Wochen effektivem Krafttraining die beiden Ziele Schmerzlinderung und Senkung des Ruhepulses gezielt angegangen worden sind und zahlreiche Adaptationen des Körpers stattgefunden haben, soll im dritten Zyklus eine weitere effektive Kraftsteigerung erzielt werden. Vier Wochen lang trainiert die Zielperson extensiv auf Maximalkraft, also sechs Wiederholungen in zwei bis drei Sätzen. Hierbei sollen möglichst viele Muskelfasern bzw. motorische Einheiten innerhalb eines Muskels aktiviert werden. Das maximal mögliche Kraftpotential wird abgerufen, dementsprechend werden längere Satzpausen gemacht. Da die Belastung aufgrund der sehr hohen Intensität sehr stark ansteigt, wird das Maximalkrafttraining nach vier Wochen beendet und der vierte Mesozyklus beginnt. Nach einem erneuten 15RM-Test wird acht Wochen lang Hypertrophie trainiert. Die Intensität ist dabei gestiegen und wird auch hier im Laufe der Zeit kontinuierlich erhöht.

4 Trainingsplanung Mesozyklus

Mesozyklus 1:

Tab. 5: Planung Mesozyklus 1 (eigene Darstellung)

Zyklusdauer 8 Wochen	3 Sätze/Übung
Trainingsziel Kraftausdauer	30-60s Satzpausen
2 Einheiten/Woche	20 Wiederholungen
Ganzkörpertraining Stationen	Intensität 65-70%/15RM-Test
1-2 Übungen/Muskelgruppe	TUT 80s (2-0-2)

Übung	15RM-Test	Wdh.	Woche 1 (65%)	Woche 2 (65%)	Woche 3 (66%)	Woche 4 (66%)	Woche 5 (67%)	Woche 6 (68%)	Woche 7 (69%)	Woche 8 (70%)
Bankdrücken frei	50kg	20	32,5kg	32,5kg	33,5kg	33,5kg	33,75kg	34kg	34,5kg	35kg
Latzug Gerät	38,5kg	20	25kg	25kg	25,8kg	25,8kg	26kg	26,2kg	26,6kg	27kg
Rudern Kabelzug	33kg	20	21,5kg	21,5kg	21,8kg	21,8kg	22,1kg	22,4kg	22,8kg	23,1kg
Beinpresse Gerät	110,25kg	20	71,7kg	71,7kg	72,8kg	72,8kg	73,9kg	75kg	76,1kg	77,2kg
Adduktion Gerät	45kg	20	29,3kg	29,3kg	29,7kg	29,7kg	30,2kg	30,6kg	31,1kg	31,5kg
Abduktion Gerät	40kg	20	26kg	26kg	26,4kg	26,4kg	26,8kg	27,2kg	27,6kg	28kg
Crunches Gerät	15kg	20	9,75kg	9,75kg	9,9kg	9,9kg	10,1kg	10,2kg	10,4kg	10,5kg
Hyperextensionsbank	3,25kg	20	2,1kg	2,1kg	2,2kg	2,2kg	2,3kg	2,3kg	2,3kg	2,4kg

4.1 Begründung der Übungsauswahl

Die Zielperson beginnt ihr Training mit klassischem Bankdrücken mit der Langhantel. Sie hat schon Erfahrung im Kraftsportbereich sammeln können, weshalb diese komplexe Grundübung problemlos machbar sein sollte. Hierbei wird neben dem m. pectoralis major und minor auch der m. triceps brachii sowie der deltoideus pars acromialis trainiert, dazu der Bauch- und Rumpfbereich als Haltemuskulatur. Es folgt das Rückentraining mit dem Latzug und sitzendem Rudern am Kabelzug. Die Rückenmuskulatur hat besonderen Stellenwert im Training der Zielperson, da diese gerade im Bereich des Trapezmuskels, Rückenstreckers und der Rhomboiden Schmerzen verspürt. Ein trainierter, geschmeidiger Muskel führt also zur Schmerzlinderung in diesem Bereich. Neben dem m. latissimus dorsi und dem oben genannten gesamten Trapezmuskels wird bei beiden Übungen der m. biceps brachii beansprucht. Außerdem ist der m. brachioradials als Haltemuskel involviert. Der m. trapezius pars transversa muss trainiert werden, damit er die Schultern nach hinten zieht und sich der Brustkorb der Zielperson öffnen kann, was der vorgebeugten, ungesunden Haltung im Büro entgegenwirkt.

Die Beine werden an der Beinpresse, Adduktions- und Abduktionsmaschine trainiert. An der Beinpresse sind primär der gesamte m. quadriceps femoris sowie der m. biceps femoris caput longum, der m. semitendinosus und der m. semimembranosus beteiligt. Neben dem Muskelaufbau finden hier auch eine Beugung und Streckung von Knie- und Hüftgelenk statt, was der Beweglichkeit dient und somit eine Abwechslung zum sitzenden Alltag bietet. Auch das Training der Abduktoren und Adduktoren dient der Stabilität und Beweglichkeit der Beine und der Hüfte.

Der m. rectus abdominis und der m. obliquus externus abdominis werden an der Crunch-Maschine sitzend trainiert. Die Muskulatur dient der Zielperson als Stützmuskulatur für den Rumpfbereich und stabilisiert das Becken sowie den gesamten Oberkörper. Passend hierzu wird zum Schluss an der Hyperextensionsbank der Rückenstrecker sowie der m. glutaeus maximus trainiert. Auch diese Muskulatur trägt zur Stabilität des Rumpfs bei und bringt die Zielperson in eine gesundere Körperhaltung beim Sitzen, Stehen und Liegen.

Die Zielperson hat vorher ohne Konzept oder Struktur trainiert, weshalb sich hier ein vorwiegend geräteorientiertes Training mit klaren Strukturen empfiehlt. Die Fehlergefahr ist hierbei deutlich geringer und die Ausführung fällt der Zielperson einfacher. Der Schwerpunkt liegt auf Übungen, die die Rücken- und Rumpfmuskulatur beanspruchen, da die Zielperson dort explizite Probleme und Schmerzen hat, die sich ohne Zutun nicht lösen werden. Das Trainieren von der Rücken-, Rumpf- und Gesäßmuskulatur trägt nachweislich dazu bei, dass chronische Rückenbeschwerden und -schmerzen gelöst werden können (vgl. Kumar et al. 2015).

5 Literaturrecherche

5.1 Studie 1: Effekte des Krafttrainings bei Osteoporose

Tab. 6: Studie von Otero, M. et al. (2017) zur Auswirkung von Training auf postmenopausalen Frauen mit Osteoporose (eigene Darstellung)

Wer hat die Studie durchgeführt?	Montserrat Otero, Izaro Esain, Angel M. Gonzalez-Suarez, Susana M. Gil

Jahr der Publikation?	2017
Welche Forschungsfrage wurde untersucht?	Die Auswirkungen leichten Krafttrainings auf die Balance und Kraft postmenopausaler Frauen mit Osteoporose
Welche Versuchspersonen?	65 Frauen, davon 33 als Probandinnen (Durchschnittsalter 57,4 ± 4,8 Jahre) und 32 als Kontrollgruppe (Durchschnittsalter 58,8 ± 4,5 Jahre)
Versuchsaufbau der Studie?	Die 33 Probandinnen nahmen 6 Monate lang, 3x pro Woche an einem 60minütigen Balance- und Krafttraining teil. Das Training war aufgeteilt in 10 min Aufwärmen, jeweils 20 min Balance- und Krafttraining und 10 min Cooldown. Die Kontrollgruppe sollte während der 6 Monate ihren alltäglichen Ablauf nicht großartig verändern. Am Schluss wurde die statische Balance gemessen, indem die Probandinnen für eine Zeitraum mit geschlossenen Augen auf einem Bein stehen sollten. Die dynamische Balance wurde mit dem „8-foot up and go test" gemessen, einer Methode, bei der die Probandinnen auf Zeit von einem Stuhl aufstehen, um ein etwa 2,50m entferntes Hütchen laufen (ohne zu rennen) und sich dann wieder hinsetzen sollten. Diese Prozedur wird mehrmals durchgeführt und die beste Zeit gemessen. Die Kraft der Probandinnen wurde mit einem Arm-Curl (für die oberen Gliedmaßen) sowie dem „chair stand test" (für die unteren Gliedmaßen) gemessen. Hierbei sollten die Probandinnen sich innerhalb von 30s möglichst oft mit vor der Brust verschränkten Armen auf einen Stuhl set-

	zen und wieder aufstehen.
Ergebnisse und Schlussfolgerungen?	Die 33 Probandinnen, die am Training teilgenommen hatten, wiesen nach 6 Monaten viel bessere Werte in statischer Balance (21% Verbesserung), dynamischer Balance (36%), Kraft in den oberen (80%) und unteren (47%) Gliedmaßen auf. Außerdem wurde ein bemerkenswerter Zusammenhang zwischen der statischen Balance und der Kraft der oberen und unteren Gliedmaßen festgestellt. Die Studie hat gezeigt, dass selbst ein simples körperliches Training die Balance und Kraft von Frauen mit Osteoporose signifikant verbessern kann.

5.2 Studie 2: Effekte des Krafttrainings bei Osteoporose

Tab. 7: Studie von Elsisi, H. et al. (2015) zu den unterschiedlichen Auswirkungen von elektromagnetischer Behandlung und Zirkeltraining auf die Knochenmasse und -dichte von Frauen mit Osteoporose (eigene Darstellung)

Wer hat die Studie durchgeführt?	Hany Farid Eid Morsy Elsisi, Gihan Samir Mohamed Mousa, and Mohamed Taher Mahmoud ELdesoky
Jahr der Publikation?	2015
Welche Forschungsfrage wurde untersucht?	Die Unterschiede der Auswirkungen von elektromagnetischen Reizen und Krafttraining auf die Knochenmasse und -dichte bei älteren Frauen mit Osteoporose
Welche Versuchspersonen?	30 Frauen im Alter von 60-70 Jahren
Versuchsaufbau der Studie?	Die Frauen wurden zufällig in 2 Gruppen á 15 Probandinnen eingeteilt. Die eine Gruppe wurde in einem elektromagnetischen Feld therapiert, die andere absol-

	vierte Krafttraining in einem Zirkel. Die Studie lief über 12 Wochen, das Training und die Therapie fanden drei Mal pro Woche statt. Vor und nach den 12 Wochen wurde die Knochenmasse und – dichte an der Lendenwirbelsäule, am Schenkelhals, am Trochanter und am Ward-Dreieck gemessen.
Ergebnisse und Schlussfolgerungen?	Bei beiden Gruppen wurden eine erhöhte Knochendichte diagnostiziert. Die Probandinnen, die mit elektromagnetischen Impulsen therapiert wurden, wiesen dabei deutlichere Verbesserungen auf als die Probandinnen des Zirkeltrainings. Bspw. am L2-Wirbel (+32,25%) war die Knochendichte bei den Probandinnen der elektromagnetisches Therapie um ein vielfaches höher als die der Probandinnen des Zirkeltrainings (+2,27%). Bei allen gemessenen Knochen waren der Zuwachs an sowohl Knochenmasse als auch Knochendichte bei den mit elektromagnetischen Impulsen therapierten Frauen deutlich größer als bei den anderen Frauen.

6   Abbildungs- und Tabellenverzeichnis

6.1   Abbildungsverzeichnis

6.2   Tabellenverzeichnis

7   Literaturverzeichnis

Buskies, Wolfgang (1999): Sanftes Krafttraining. Unter besonderer Berücksichtigung des subjektiven Belastungsempfindens. Vollst. zugl.: Bayreuth, Univ., Habil.-Schr., 1998 u.d.T.: Buskies, Wolfgang: Intensitätssteuerung im gesundheitsorientierten Krafttraining unter besonderer Berücksichtigung des subjektiven Belastungsempfindens. Köln: Sport & Buch Strauß (Sportwissenschaft).

Fröhlich, M.; Müller, T.; Schmidtbleicher, D.; Emrich, E. (2009): Outcome-Effekte verschiedener Periodisierungsmodelle im Krafttraining. In: *Deutsche Zeitschrift für Sportmedizin* 60 (10), S. 308.

Guellich, Arne; Schmidtbleicher, D. (1999): Struktur der Kraftfähigkeiten und ihrer Trainingsmethoden. In: *Deutsche Zeitschrift für Sportmedizin* 50.

Gunnar Borg (2004): Anstrengungsempfinden und körperliche Aktivität. In: *Deutsches Ärzteblatt* 15.

Hartmann, H.; Bob, A.; Wirth, Klaus; Schmidtbleicher, D. (2008): Auswirkungen unterschiedlicher Periodisierungs - modelle im Krafttraining auf das Schnellkraft- und Explosivkraftverhalten der oberen Extremität. IAT Universität Leipzig.

Hartmut Humburg (2005): 1-Satz- vs. 3-Satz-Training. Die Auswirkungen des Kraft-trainingsvolumens auf Maximalkraft, Kraftausdauer, Muskeldicke und neuronale Faktoren. Dissertation. Hamburg.

Kumar, Tarun; Kumar, Suraj; Nezamuddin, Md; Sharma, V. P. (2015): Efficacy of core muscle strengthening exercise in chronic low back pain patients. In: *Journal of back and musculoskeletal rehabilitation* 28 (4), S. 699–707. DOI: 10.3233/BMR-140572.

Quan, Huynh L.; Blizzard, Christopher L.; Sharman, James E.; Magnussen, Costan G.; Dwyer, Terence; Raitakari, Olli et al. (2014): Resting heart rate and the association of physical fitness with carotid artery stiffness. In: *American journal of hypertension* 27 (1), S. 65–71. DOI: 10.1093/ajh/hpt161.

Sooneste, Heiki; Tanimoto, Michiya; Kakigi, Ryo; Saga, Norio; Katamoto, Shizuo (2013): Effects of training volume on strength and hypertrophy in young men. In: *Journal of strength and conditioning research* 27 (1), S. 8–13. DOI: 10.1519/JSC.0b013e3182679215.

Whelton, Paul K.; Carey, Robert M.; Aronow, Wilbert S.; Casey, Donald E.; Collins, Karen J.; Dennison Himmelfarb, Cheryl et al. (2018): 2017 ACC/AHA/AAPA/ABC/ACPM/AGS/APhA/ASH/ASPC/NMA/PCNA Guideline for the Prevention, Detection, Evaluation, and Management of High Blood Pressure in Adults: A Report of the American College of Cardiology/American Heart Association Task Force on Clinical Practice Guidelines. In: *Hypertension (Dallas, Tex. : 1979)* 71 (6), e13–e115. DOI: 10.1161/HYP.0000000000000065.

Wirth, Klaus; Schmidtbleicher, D. (2007): Trainingshäufigkeit beim Hypertrophietraining unter Berücksichtigung des Leistungsniveaus.

BEI GRIN MACHT SICH IHR WISSEN BEZAHLT

- Wir veröffentlichen Ihre Hausarbeit, Bachelor- und Masterarbeit

- Ihr eigenes eBook und Buch - weltweit in allen wichtigen Shops

- Verdienen Sie an jedem Verkauf

Jetzt bei www.GRIN.com hochladen und kostenlos publizieren